NOTICE

SUR LES

MANUFACTURES ROYALES

RÉUNIES AUX GOBELINS,

CONSIDÉRÉES

DANS LEUR RAPPORT

AVEC LA DOTATION DE LA COURONNE.

<hr>

PARIS,

IMPRIMERIE DE AMB. FIRMIN DIDOT,

RUE JACOB, N° 24.

—

1830.

NOTICE

SUR LES

MANUFACTURES ROYALES

RÉUNIES AUX GOBELINS.

IMPRIMERIE DE AMB. FIRMIN DIDOT,
RUE JACOB, N° 24.

NOTICE

SUR LES

MANUFACTURES ROYALES

RÉUNIES AUX GOBELINS,

CONSIDÉRÉES

DANS LEUR RAPPORT AVEC LA DOTATION DE LA COURONNE.

ARTICLE PREMIER.

Origine des deux manufactures, et étymologie de leurs surnoms.

Une manufacture de *tapis* à l'instar de ceux de Perse et du Levant avait été établie par Henri IV, en janvier 1608, aux galeries du Louvre. Louis XIII *donna*, pour l'y transférer, la maison dite *la Savonnerie* à Chaillot : cette translation s'effectua en 1631 ; et, dès-lors, les plus beaux tapis du monde, ainsi que le royal établissement qui le produisait, s'appelèrent comme une *fabrique de savon*. Il faut que l'idée de la perfection, en fait de *tapis*, soit désormais inséparable du nom de *la Savonnerie* ; car on ne se déshabitue point de le donner aux *tapis* qui se fabriquent maintenant *aux Gobelins*.

D'habiles teinturiers de ce nom de *Gobelin* l'avaient

laissé à un terrain et à des bâtiments qu'ils avaient long-temps possédés vers l'extrémité méridionale de Paris, au bord de la petite rivière de *Bièvre*, laquelle prend elle-même, dans ce quartier, le nom de *rivière des Gobelins*. Louis XIV *fit acheter de ses deniers*, en 1662, cette propriété qu'on appela l'*Hôtel des Gobelins* : et la *Manufacture royale des meubles de la Couronne*, qui, en vertu de l'édit du 21 décembre 1667 (1), y fut établie, prit, à son tour, le nom des *teinturiers* fameux dont la fabrication des *tapisseries* a immortalisé la renommée.

Cette fabrication était depuis long-temps exclusive aux Gobelins, quand une décision royale, en date du 8 février 1825, y a fait transférer la fabrication des *tapis ;* et l'établissement qui, sous le nom de *Manufacture royale des tapisseries et des tapis de la Couronne*, se compose maintenant de ces deux fabrications, continue d'être appelé *Manufacture royale des Gobelins*.

ARTICLE II.

De l'existence des deux manufactures à différentes époques.

Ce que nous venons de rapporter sur l'origine des deux manufactures réunies aux Gobelins, ne permet

---

(1) L'article 1er de cet édit est ainsi conçu : « C'est à savoir que la manufacture des tapisseries et autres ouvrages demeurera établie dans l'hôtel appelé des Gobelins, maisons et lieux en dépendants, *à nous appartenants ;* sur la principale porte duquel hôtel sera posé un marbre au-dessous de nos armes, dans lequel sera inscrit : *Manufacture royale des meubles de la couronne.* »

pas de révoquer en doute deux faits qu'il importe de constater, savoir :

1° Que depuis leur fondation, ou, pour mieux dire, *par leur fondation*, elles sont *manufactures royales* ;

2° Qu'elles appartiennent, comme *domaines*, à la dotation de la couronne.

Ce fut ainsi que l'Assemblée nationale l'entendit : elle jugea que ces manufactures ne devaient être *ni confondues ni aliénées* avec les *biens dits nationaux;* et, par son décret du 26 mai 1791, elle les comprit parmi les *domaines* laissés à la disposition du roi Louis XVI, et à la charge de sa liste civile. Ce ne fut qu'après et par suite de l'abolition de la royauté qu'elles passèrent dans les attributions du ministère de l'Intérieur : mais déja (1) un homme d'exécrable mémoire les avait frappées de réprobation : déja *Marat*, dans sa feuille intitulée *l'Ami du Peuple*, avait dit : « On n'a nulle idée chez l'étranger d'éta-« blissements relatifs aux beaux-arts, ou plutôt de « manufactures à la charge de l'État ; l'honneur de « cette invention était réservé à la France. Telles sont, « dans le nombre, les manufactures de *Sèvres* et des « *Gobelins.* La première coûte au public plus de « 200,000 francs annuellement, pour quelques ser-« vices de porcelaine dont le roi fait des présents aux « ambassadeurs ; la dernière coûte 100,000 écus, on « ne sait trop pourquoi, si ce n'est pour enrichir des « fripons et des intrigants. On y entretient, d'ordi-

----

(1) Le 17 août 1790.

« naire, vingt-cinq ouvriers qui emploient au total
« douze livres de soie au travail d'une tapisserie qui
« est quelquefois quinze ans sur le métier. »

Quand on sait combien l'homme qui publiait d'aussi
absurdes impostures fut puissant pour détruire ;
quand on réfléchit au sort de presque tout ce qu'il
dénonça, et qu'on se rappelle l'invasion et les ravages
du vandalisme au profit duquel il revendiquait *déja*
la destruction des *Manufactures royales*, on se de-
mande avec étonnement comment ces précieux mo-
numents de l'industrie française ont pu être conser-
vés à la France et aux arts : c'est qu'en leur faveur
du moins, un noble sentiment d'orgueil national, un
patriotisme véritablement français prévalurent au sein
de la Convention : et d'ailleurs, ces honorables senti-
ments ne furent pas jusqu'à un certain point étrangers au rapport sur les manufactures royales, que le
ministre de l'Intérieur Roland fit à cette assemblée
le 6 janvier 1793. Nous y lisons cette phrase remar-
quable : « Il ne faut pas que les étrangers perdent
« l'habitude d'estimer et de rechercher l'industrie fran-
« çaise. Il suffit que les Gobelins, Sèvres et la Sa-
« vonnerie soient en état d'ajouter quelque chose à
« la réputation de cette industrie, pour qu'il devienne
« sage de les entretenir, *même quand ce serait à*
« *perte.* »

Et le ministre Roland n'imaginait pas qu'il fût
possible de les entretenir autrement : car il dit dans
le même rapport : « qu'en raison de leur prix exces-
« sif et de la difficulté de leur emploi chez des répu-
« blicains, les tapisseries des Gobelins semblent ne

« devoir être désormais pour la France qu'un *monu-*
« *ment* plutôt qu'une *valeur.* » Il était impossible en
effet qu'elles fussent autre chose sous un gouvernement dont les chefs auraient cru déroger à la sévé-
rité des mœurs républicaines, s'ils n'avaient pas dé-
daigné ou même répudié l'usage d'objets d'un luxe
aussi somptueux ; et il faut convenir que, sous un
tel gouvernement, l'établissement qui seul peut les
produire était une espèce d'anachronisme : aussi n'exis-
ta-t-il alors que comme une sorte de musée de tapisseries, ou, pour mieux dire, comme un conservatoire
spécialement affecté à une industrie indigène où l'on
venait admirer des *tableaux* fort curieux par eux-
mêmes, plus curieux encore par la manière dont on
les voyait fabriquer.

Le premier consul aperçut du premier coup-d'œil
la fausse route dans laquelle cette fabrication avait
été reléguée ; il l'en retira : il l'affranchit de la sté-
rilité dont les scrupules de la Convention l'avaient
frappée. Il jugea, qu'à cela près de quelques ouvrages de peu d'importance, de quelques portraits (1)

---

(1) On dit souvent avec raison, mais non pas toujours sans *re-
proche*, que les portraits *sont du domaine de la peinture :* nous en
convenons ; mais nous n'admettons pas que cette règle soit sans
exception ; et peut-être trouverait-on les portraits en *tapisserie*
moins coupables, si l'on voulait bien considérer 1° que ces portraits (comme ceux en mosaïque) ne sont jamais, ne peuvent jamais être que des *copies ;* 2° que les copies (même en peinture) ne
valent presque jamais les originaux ; 3° que la peinture elle-même,
quand elle use du privilége de *copier* la nature, reste toujours plus
ou moins au-dessous de son modèle ; 4° qu'enfin il faut, en toutes
choses, tenir compte de la difficulté vaincue ; et que, si l'on peut

(exception admise et même encouragée de tout temps), on ne doit fabriquer des *tableaux* aux Gobelins qu'autant qu'ils sont de nature à être *utilisés* comme *tapisseries*. En effet, la tapisserie et la peinture ont chacune un caractère distinctif qu'il est impossible de ne pas leur reconnaître, et qu'il serait absurde de ne pas leur conserver.

Elles ont l'une et l'autre une destination et des attributions spéciales qu'elles ne doivent ni dépasser, ni confondre, ni intervertir. Ce ne doit pas être pour se mettre en *concurrence* avec la peinture que la tapisserie doit rivaliser avec elle : la première, l'essentielle, l'éternelle mission de la *tapisserie*, c'est de *tapisser*.

Les tapisseries des Gobelins reprirent donc, sous le gouvernement consulaire, la place qui leur appartenait comme meubles et comme tentures d'appartement dans les palais du chef de l'État; et au dehors, elles furent employées à décorer les temples et les édifices publics dans les grandes solennités politiques ou religieuses.

Le gouvernement impérial acheva de réintégrer les manufactures réunies aux Gobelins dans la pléni-

---

applaudir le musicien qui parvient à imiter les sons d'un instrument avec un autre, on doit pardonner à la *tapisserie*, non pas de *faire* des portraits (cela lui est impossible), mais d'en copier ou plutôt d'en *traduire* quelquefois. Au surplus, cette *licence*, qu'on a dénoncée dans ces derniers temps comme un abus tout au moins ridicule, n'est pas une innovation ni une *invention* qu'on puisse nous attribuer : c'est l'observation d'un usage aussi ancien que la manufacture des Gobelins.

tude de leurs attributions. Elles rentrèrent dans la DOTATION DE LA COURONNE, et leurs dépenses furent réglées avec une économie à laquelle il ne peut être superflu de prouver que nous n'avons pas dérogé.

ARTICLE III.

Dépenses.

L'Intendance générale de la liste civile impériale avait affecté, en 1814 :

Aux dépenses de la manufacture des Gobelins.	173,131 fr. 40 c.
A celles de la manufacture de la Savonnerie.	118,600
Total...	291,731 40

Les dépenses de ces deux manufactures réunies ne figureront au budget de 1831 que pour la somme de. 285,609

Différence en moins. .	6,122 40

La possibilité de loger aux Gobelins les ouvriers de la Savonnerie amènera successivement la suppression de leurs indemnités qui se montent encore à. 7,200

Réduction totale.	13,322 40

Lorsque quelques dépenses extraordinaires qu'exige encore l'atelier de teinture ne seront plus nécessaires, c'est-à-dire dans environ deux ans, le montant des économies pourra être porté à 17,000 fr., et le chiffre du budget se réduire à 285,000 fr.

ARTICLE IV.

Réunion de la manufacture de la Savonnerie à celle des Gobelins.

Projetée ou plutôt résolue dès l'année 1774, la réunion de ces deux manufactures avait été proposée comme une mesure nécessaire, urgente même, dans le rapport à la Convention que nous avons déja cité ; et, sous tous les gouvernements qui se sont succédé depuis cette époque, la même proposition a été renouvelée et accueillie par toutes les autorités qu'elle concernait.

Mais il ne suffit pas d'apprécier et d'accueillir ce qui est bien, il faut, quand on aperçoit un but utile, y marcher et l'atteindre ; il faut unir à de bonnes vues et à de bonnes intentions la volonté ferme et persévérante qui peut seule les rendre efficaces : et M. le vicomte de La Rochefoucault (à qui les Gobelins doivent beaucoup) a réellement fait preuve de cette grande qualité administrative, lorsqu'à peine nommé à la direction générale des beaux-arts, il a fait enfin décider et accomplir une réunion sur les avantages de laquelle tout le monde était d'accord depuis près de soixante ans.

Elle a évité l'entière reconstruction des bâtiments de la Savonnerie, pour laquelle on avait présenté un devis qui s'élevait à 700,000 fr. ; elle a rendu disponibles un terrain et des bâtiments évalués 3oo,ooo f.; et ces avantages ont pu s'obtenir sans que les deux établissements (*dont les dépenses annuelles ont diminué*) cessassent de conserver, sous tous les rapports, leur importance respective.

Le même nombre d'ouvriers et de métiers continuent d'être employés aux deux fabrications (1), avec cette différence, quant à la fabrication des tapis,

Que la participation des ouvriers à des études préliminaires (surtout à celle du dessin) et à des moyens d'encouragement auxquels ils avaient été jusqu'alors étrangers, a eu sur leurs progrès la plus féconde influence.

Et que les métiers dont quelques-uns datant de l'origine de la Manufacture rappelaient encore l'enfance de l'art, ont été remplacés par d'autres dont la perfection ne laisse rien à desirer.

	Ouvriers et Élèves.	Métiers.
(1) La fabrication des tapisseries emploie.......	77	28
Celle des tapis..............................	52	12
Un atelier de teinture......................	5	
Un de rentraiture..........................	6	
Menuiserie................................	1	
Magasins et dévidoirs......................	10	
Total.....................	151	30
Les chefs et employés sont au nombre de....	9	
Gagistes...................................	6	
Total du personnel......	166	

(24 enfants sont admis à l'école de dessin.)

Le terme moyen du traitement de chaque ouvrier est de 1077 fr. Les ouvriers de la fabrication des tapis qui ne sont pas *logés* dans l'hôtel reçoivent en outre une indemnité annuelle de 200 fr.

ARTICE V.

Améliorations.

Des perfectionnements analogues à ceux que nous venons de relater ont été successivement introduits dans les ateliers destinés à la fabrication des tapisseries : et, en général, d'utiles innovations ont notablement amélioré toutes les branches du service de la Manufacture.

C'est aux autorités supérieures, de la volonté desquelles elles dépendaient ; c'est surtout à la coopération, unanimement dévouée, loyale et franche qui les a rendues si faciles, que revient le mérite de ces améliorations. Nous n'avons donc point à les taire, et nous allons les passer en revue.

———

« Un cours de chimie appliquée à l'art de la tein-
« ture a été institué. »

Ce cours, dont la pensée appartient à M. le comte de Pradel, rend à l'industrie manufacturière d'éminents services, depuis surtout qu'il a pour professeur un savant aussi distingué que M. Chevreul, membre de l'Académie des Sciences, directeur actuel des teintures des Manufactures Royales.

———

« On a su vaincre *enfin* la répugnance et les préjugés héréditaires qui, depuis l'origine de la Manufacture, s'opposaient à la suppression du mode de fabrication, dit de *basse lisse*, dont l'imperfection frappait tous les yeux. »

Il n'y a plus maintenant aux Gobelins que des *Métiers de haute lisse.*

—————

« On est parvenu, par un procédé fort simple, à éviter de rouler les tableaux qui servent de modèles aux tapisseries; et on a ainsi levé l'obstacle qui déshéritait la Manufacture des Gobelins des modèles que l'administration du Musée jugeait trop parfaits pour leur laisser courir les chances des accidents auxquels la nécessité de les rouler les aurait exposés. M. le comte de Forbin s'empresse maintenant de les mettre à notre disposition; et des chefs-d'œuvre de Rubens, qui n'avaient jamais été traduits en tapisserie, sont en ce moment sur les métiers. »

—————

« Le régime *de la tâche,* destructif de la perfection puisqu'il excite à la sacrifier à la *quantité* de l'ouvrage; ce régime dont la fabrication des tapisseries avait été précédemment affranchie, a été pareillement supprimé dans les ateliers destinés à la fabrication des tapis. »

—————

« L'étude du modèle vivant, si nécessaire à des travaux qui ont une base commune à tous les arts du dessin, a complété la régénération de l'école destinée à l'enseignement de cet art, école qui avait été supprimée après le 10 août 1792, comme si son existence et sa bonne direction n'étaient pas, pour la fabrication des tapisseries, le premier moyen de perfectionnement. »

—————

« Enfin on a créé des écoles de tapisseries et de tapis.

Alimentées par les concours de l'école de dessin, ces écoles alimentent à leur tour les ateliers de tapisseries et de tapis, où tous les rangs, toutes les récompenses se gagnent pareillement au concours, et où, par tous les moyens qui peuvent l'exciter et l'entretenir, on a porté au plus haut degré l'émulation qui, dans toutes les carrières, mène à tous les succès. »

ARTICLE VI.

Nécessité de conserver aux deux manufactures leur *caractère* actuel.

Nous avons dit que le nombre des ouvriers employés à chaque fabrication est toujours le même; que les métiers ont été perfectionnés, et que les ouvriers ont fait de grands progrès.

Il en résulte que la Manufacture fabrique autant, et qu'elle fabrique mieux, quoiqu'elle coûte moins. Nous voudrions ajouter qu'elle rapporte davantage : mais a-t-elle jamais été, peut-elle jamais être une source de revenu ?

La liste civile qui pourvoit aux dépenses de cette manufacture ne s'en indemnise réellement qu'en utilisant ses produits, dont l'emploi, soit à des présents, soit à la décoration ou à l'ameublement des demeures royales, dispense d'acheter pour la même destination des objets d'un beaucoup moindre mérite, mais aussi d'un prix beaucoup moins élevé. Ce n'est que dans quelques circonstances extraordinaires que le ministère des affaires étrangères fait acheter aux Gobelins (1)

---

(1) Il en a été vendu, en 1825, pour la somme de 139, 480 fr.

des tapisseries dont le prix acquitté sur les fonds de ce ministère, est versé au trésor de la Couronne : et nous ne connaissons pas d'autre moyen de rendre ces *recettes réelles* moins rares que d'élargir le débouché qui les produit, en intervenant plus efficacement qu'on ne l'a fait jusqu'à présent, pour que l'exemple du ministère des affaires étrangères que nous venons de citer soit suivi par d'autres administrations publiques ; car nous ne pouvons partager l'opinion des personnes qui ont prétendu qu'on pourrait, qu'on devrait même essayer de rendre la Manufacture des Gobelins *pécuniairement productive* en y faisant fabriquer des ouvrages de qualités inférieures, qui, en raison de leur moindre perfection, et par conséquent, de leurs moindres prix, pussent être achetés par les particuliers.

Et d'abord il est à considérer que la spéculation dont il s'agit ne pourrait concerner, *quant à présent,* que la fabrication des tapis ; car la mode, et l'économie dont la mode elle-même est souvent tributaire, ont, depuis plus de cinquante ans, fait renoncer les particuliers à l'usage des *tapisseries.* Mais, quand il en serait autrement, nous n'admettrons jamais que les *Manufactures royales* puissent cesser d'être ce qu'elles ont toujours été, des *Manufactures modèles.* Il faut que la perfection de tous leurs produits excite les manufactures secondaires à fabriquer mieux pour vendre à de plus hauts prix ; mais il ne faut pas que les Manufactures royales fabriquent moins bien pour vendre davantage. Toute *concurrence* leur est interdite quand elle n'a pas pour objet les progrès de l'art, et, à plus forte raison, quand elle compromet ses véritables intérêts en dérogeant à ce *caractère* que l'on définit si bien, et auquel on rend un si bel hommage, quand on dit, d'une tapisserie ou d'un tapis des Gobelins : *Il n'y a que le souverain de la France qui puisse faire de pareils présents.*

Il en est de ces présents faits par le roi comme de ces plantes curieuses, de ces fruits extraordinaires, de ces fleurs rares que des propriétaires opulents et de grands amateurs cultivent à grands frais. Ces propriétaires, ces amateurs n'auraient certainement pas la même jouissance à donner ces raretés, s'il fallait pour cela qu'ils les achetassent; et il est plus que douteux qu'ils pensassent à en faire des présents s'ils ne les possédaient pas au même titre auquel les *Manufactures royales* ont *toujours* appartenu à la DOTATION DE LA COURONNE.

Lui en conserver *l'usufruit* est (du moins en ce qui concerne la Manufacture royale des tapisseries et des tapis de la Couronne) le seul moyen,

De maintenir les travaux de ce magnifique *domaine* dans la direction la mieux assortie à son origine;

D'assurer à ses produits leur premier, leur principal débouché;

Et par conséquent de garantir sa prospérité, son existence même, à la France et à l'Europe. Nous disons à l'Europe : car les étrangers qui affluent de toutes parts aux Gobelins s'y associent par la plus cordiale admiration à l'orgueil national.

L'antique et royale Manufacture des Gobelins a

depuis long-temps atteint à cette hauteur de supé-
riorité et de renommée devant laquelle toute rivalité
s'anéantit. Et on n'a pas d'ennemis quand on ne peut
plus avoir de rivaux !

Puisse cet hommage que nous lui devions, et que
recommandent du moins son motif et sa sincérité, n'être
pas stérile pour les véritables intérêts d'un établisse-
mentdont nous sommes fier comme Français et auquel
nous devons (quelque étranger que nous ayons été à
ses succès), d'avoir droit à un sentiment d'orgueil *per-
sonnel;* car *son nom*, en nous accréditant auprès des
hommes les plus justement célèbres dans les arts, nous
a mis en position d'apprécier tout ce qu'il y a de noble, de délicat et d'élevé, dans le caractère des *véritables artistes*, et *d'éprouver* combien il est glorieux de
pouvoir compter parmi eux au moins un ami.

Le Bon F. A. D.